INICIAÇÃO
ILUMINAÇÃO
LIBERTAÇÃO

Francisco Casanueva Freijo
Equipe de pesquisas do C.E.R
Centro de Estudios Rosacruz
Fundación Rosacruz – Espanha

1ª edição

2016

FUNDACIÓN ROSACRUZ

Pentagrama publicações

Padre Rico, 8, bjo, dcha.
46008 Valencia (Espanha)
www.fundacionrosacruz.org
secretaria@fundacionrosacruz.org

Título original: *Iniciación. Iluminación. Liberación.*

Tradução da 3ª edição espanhola de 2011

Tradutor: *Maria de Lourdes Simões Parente*

Revisão: *José de Jesus, Geraldo Caixeta e Neusa M. Messias de Soliz*

Diagramação: *Flávio Gomes Duarte*

Capa: *ilustração alquímica de Flammarion*

2016

Impresso no Brasil

Dados Internacionais de Catalogação na Publicação (CIP)
(Câmara Brasileira do Livro, SP, Brasil)

Casanueva Freijo, Francisco

Iniciação, iluminação, libertação / Francisco Casanueva Freijo ; equipe de pesquisas do C.E.R. (Centro de Estudios Rosacruz) ; [tradutor Maria de Lourdes Simões Parente]. -- 1. ed. -- Jarinu, SP : Pentagrama Publicações, 2016.

Título original: Iniciación, iluminación, liberación
ISBN 978-85-67992-42-6

1. Gnosticismo 2. Rosacrucianismo 3. Vida espiritual I. Centro de Estudios Rosacruz. II. Título.

16-02169 CDD-299.932

Índices para catálogo sistemático:
1. Gnosticismo : Religião 299.932

Caixa Postal 39 – CEP 13240-000 – Jarinu – SP – Brasil
Tel. (11) 4016.1817 – fax (11) 4016.3405
www.pentagrama.org.br
livros@pentagrama.org.br

Impressão e acabamento: Mark Press Brasil

SUMÁRIO

Introdução

O tema deste livro é de extraordinária importância, pois aborda, plena e diretamente, o próprio núcleo da condição humana, que consiste na consciência de si mesmo. Dessa consciência de ser emana tudo aquilo que definimos como puramente humano, a saber: raciocínio, discernimento, livre-arbítrio, criatividade.

Cada ser humano tem consciência de si mesmo, e essa consciência nos leva a pensar que somos quem somos, e somos como somos. Isso define nossa identidade, e essa identidade é o resultado de um conglomerado de atributos que fomos coletando ao longo da vida.

Todos esses atributos, porém, procedem, quase em sua totalidade, de fora do nosso ser, do mundo exterior e seus fatores condicionantes. Por isso, desde a Antiguidade se aplica o adjetivo "ilusório" para descrever a natureza dessa personalidade e sua identidade. O que verdadeiramente somos não sabemos, e como não sabemos, tampouco conhecemos.

As três perguntas que, desde o passado remoto, a Voz da Sabedoria faz a cada ser humano que se aproxima de seu raio de ação – *Quem és? De onde vens? Para onde vais?* – nada perderam de sua validade. Elas seguem atuais e exercem forte pressão sobre nossa consciência.

Nesta obra enveredaremos por caminhos que seguramente o inquietarão, pois algumas vezes tocaremos o âmago de sua consciência pessoal, e é possível que isto possa incomodá-lo. Porém, se queremos falar de iniciação, iluminação e libertação, devemos, indubitavelmente, adentrar a própria natureza da sabedoria e do conhecimento.

Como se pode saber o que é a verdade, sem antes ter ajustado o instrumento de que se dispõe para isso?

O instrumento para a busca da verdade e, portanto, a resposta às três perguntas colocadas, é a nossa consciência. Portanto, tudo o que influi na consciência deve ser observado detalhadamente para comprovar sua "afinação".

Quando neste livro falamos de "consciência", não nos referimos à capacidade racional, à capacidade de análise lógica, nem estamos falando dos mecanismos que configuram nossa capacidade de expressar pensamentos com palavras e frases construídas segundo um ordenamento lógico.

A razão é somente um dos componentes da consciência, um de seus instrumentos. No entanto, há outros de importância semelhante ou até maior, como por exemplo, nossa vida de sentimentos, nossos desejos, anseios, expectativas, medos e emoções, em suma, tudo aquilo que toca nossa fibra sensível. Todavia, com a vida de pensamentos e sentimentos não se encerra o círculo de afluentes da consciência. Nossa força de vontade, nosso afã, nossa capacidade de resistência, enfim, tudo o que se desenvolve no âmbito da vontade também tem uma importância decisiva na constituição da consciência, ainda que, no geral, confundamos muito facilmente o que queremos (vontade) com o que desejamos (sentimento).

E muitas vezes não sabemos muito bem se o que pensamos é o resultado de um processo lógico, racional, ou de um processo de desejo ou vontade, que acaba distorcendo a lógica para impor-se à razão. Todos fizemos muitas experiências a esse respeito, geralmente desagradáveis. Por essa razão, nos sistemas de iniciação pitagóricos, a iniciação era precedida de uma fase prévia, a da "purificação". A purificação é imprescindível para que a consciência se torne suficientemente clara, intensa e transparente, a fim de ver a luz sem deslumbrar-se. Condição *sine qua non* desta purificação é ser capaz de discernir com clareza os processos que contribuem na formação de nossos estados de consciência.

Essa fase de purificação conhece diversos fatores:

1º) a eliminação ou supressão de todos os elementos que perturbam ou distorcem a consciência. Um exemplo muito claro disto é o consumo de bebidas alcoólicas e das demais drogas.

2º) a observação serena de nossa vida interior, isto é: a vida de nossos sentimentos, vontades e pensamentos, para poder verificar como influenciam na formação de nossas opiniões, disposições e estados de ânimo. Aqui devemos considerar, particularmente, a esfera das nossas simpatias e antipatias.

3º) a formação de um sólido edifício ético, baseado em princípios espirituais, e o esforço para manter-nos íntegros.

Vemos, assim, que a libertação é precedida de um processo tríplice, que pode ser definido pelas palavras purificação, iniciação e iluminação. Cada fase conduz à outra e abre sua possibilidade. A conquista de uma delas, porém, não pressupõe obrigatoriamente o êxito da fase seguinte.

Uma imagem integrativa que pode ser útil a esse respeito é a seguinte:

- o processo de purificação pode ser associado à concepção;
- o processo de iniciação pode ser comparado à gestação;
- o processo de iluminação ao nascimento (vir à luz);
- o processo de libertação ao crescimento e desenvolvimento de um ser adulto autônomo e livre.

A *purificação* nos prepara para que o Espírito fecunde em nós o germe de um novo ser interior. Os rosa-cruzes clássicos falavam da fecundação da semente-Jesus no coração: a rosa-do-coração.

A *iniciação* é uma gestação e coincide com o desenvolvimento de todos os órgãos que permitirão a esse novo ser interior viver, manifestar-se e expressar-se.

A *iluminação* é o contato direto do novo ser interior com a própria Vida, é respirar pela primeira vez o Alento Divino, é sair do campo matriz e entrar no mundo da Luz.

A *libertação* é o processo pelo qual esse ser recém-nascido cresce, se desenvolve e obtém uma capacidade independente de levar adiante o plano de sua vida.

Esperamos que esta introdução tenha deixado claro que os três aspectos abordados neste livro não tratam de coisas desconexas entre si, mas sim das diferentes etapas do caminho que conduz o homem material terrestre ao homem espiritual celeste, e que, a nosso ver, apresentam uma sequência muito precisa.

Como eixo condutor é preciso ter sempre presente que "saber" e "conhecer" não são a mesma coisa, e que nem tudo o que sabemos é verdade.

Sob esta luz talvez se possa compreender melhor as famosas palavras de Sócrates: "Somente sei que nada sei", paradigma da posição de um verdadeiro sábio.

I
INICIAÇÃO

O que se esconde atrás desta palavra, da qual tanto se abusou?

Que relação ela tem com o desvendamento e descobrimento do mundo interior da alma e seus símbolos?

Pode-se chegar à iluminação espiritual sem um processo iniciático?

A iniciação como sinônimo de escola de mistérios

Existe uma vasta literatura sobre a iniciação, que abrange desde as coisas mais surpreendentes e pitorescas, até as mais misteriosas e incompreensíveis. De nossa parte, exporemos nosso conceito de iniciação de uma forma simples, sem cair na banalidade.

Iniciação é uma palavra, cuja raiz está muito presente na linguagem comum. Por exemplo, quando lemos: "curso de iniciação à música", sabemos que se trata de um curso com as primeiras noções básicas de música, seus conhecimentos iniciais. A palavra "início" significa "começo de algo", e chamamos também de inicial a primeira letra de uma palavra.

Quando se fala "escola de iniciação" temos como sinônimo a expressão "escola de mistérios". Com isso nos é indicado claramente que essas escolas de iniciação se dedicam a adentrar-se nos aspectos misteriosos da vida, etc. Se formos realistas, no entanto, poderíamos dizer a mesma coisa de uma faculdade, por exemplo, de Medicina, pois ali também se estuda o mistério da vida, um mistério que até agora somente foi parcialmente descoberto.

E a palavra "descobrir" tem muito a ver com iniciação e com mistério, pois a verdadeira realidade está como que "coberta" por um véu, que nos impede de contemplá-la.

Descobrir algo significa destampá-lo, ou seja, tirar tudo o que se interpõe entre sua realidade e nossa consciência. O que descobrimos assim, já existia antes. No entanto, toda a nossa vida foi construída sobre um fundamento que não levou em conta essa realidade coberta; e ao descobri-la, toda a nossa vida deve ser reprogramada e reordenada segundo a nova realidade que agora contemplamos e antes não.

Portanto, tal descoberta nos "inicia" em uma nova etapa existencial.

O sistema de iniciação da Rosa-Cruz moderna

Como já assinalamos, desconhecemos a verdadeira essência do nosso ser, e por isso, quando nos perguntam – *Quem és?* – somente podemos responder indicando nosso nome. Com isso não dizemos grande coisa, pois nem sequer esse nome é algo nosso, uma vez que nos foi outorgado por nossos pais.

Nossa verdadeira identidade é para a maioria dos seres humanos um mistério coberto por muitos véus.

Na maioria dos sistemas de iniciação se parte da premissa de que o ser humano participa de duas naturezas ou origens:

- uma personalidade natural, biológica, originária do campo de existência terrestre, dotada de imensas possibilidades e capacidades, autêntica joia da evolução natural, porém programada para uma existência efêmera, fustigada permanentemente por enfermidades e declínio físico.

- um ser de natureza espiritual, de origem divina, que se encarna na personalidade natural para dispor de um veículo de manifestação e expressão; com a sua colaboração, ele pretende construir uma ponte de interconexão, por meio da qual e na qual poderão encontrar-se e reconhecer-se mutuamente, selando, assim, uma aliança imperecível.

Todos esses sistemas se esforçam, por conseguinte, em preparar a personalidade natural para esse encontro, torná-la apta para permitir a revelação do ser divino interior.

De forma resumida, podemos afirmar que os sistemas de iniciação podem ser agrupados em três variantes:

1ª) os sistemas que procuram separar a consciência da personalidade (mais ou menos o que ocorre quando dormimos) mediante exercícios e invocações, para, em seguida, elevar-se às esferas do mundo dos pensamentos, com a consciência livre das condicionantes do corpo, e ali obter conhecimento de primeira mão;

2ª) os sistemas que se esforçam para conduzir a personalidade a um estado de pureza e sutileza extremas, de modo que a luz do pensamento divino possa refletir-se e manifestar-se nela;

3ª) o sistema que se esforça pela transmutação alquímica da estrutura molecular da personalidade natural, de maneira que o resultado seja, de fato, uma nova personalidade. Embora semelhante à anterior, a nova personalidade é construída com base em um conjunto de informações diferentes das que condicionaram a formação do corpo biológico. Ela possui átomos e substâncias de uma natureza muito superior aos que normalmente se encontram no campo de vida planetário.

Este terceiro sistema tem, a nosso ver, muitas vantagens, porque, além de obter os mesmos resultados práticos dos dois primeiros, coloca o candidato em uma situação muito favorável diante da libertação, como pretendemos explicar na última parte deste livro. Além do mais, ele evita todos os inconvenientes e perigos associados à divisão da personalidade ou ao seu cultivo.

Seguindo o fio de nossa exposição, repetimos que, no interior do ser humano, encontra-se latente o ser divino, em maior ou menor grau. Este ser divino é uma centelha do grande fogo divino universal, na qual se reflete toda a sabedoria da Divindade.

Para poder decifrar e codificar essa sabedoria, o candidato à iniciação deve abrir sua consciência ao vocabulário dos mistérios e aprender a conjugar seus verbos. Essa linguagem, como é lógico, não é ensinada como se costuma fazer, por exemplo, em uma escola de idiomas. Pois se assim fosse, bastaria colocar um curso na Internet, e já não seria necessário dispor de uma escola interior, com todo o esforço que isto implica.

A linguagem dos mistérios não é irracional, mas foi edificada com base em uma lógica diferente, muito diferente da que manejamos habitualmente – quando a manejamos. Devido a sua complexidade, essa linguagem tem sido transmitida por meio de mitos, símbolos, imagens, alegorias e alusões, e, quando levada às últimas consequências, expressa-se sob a forma de paradoxos.

Durante o processo de iniciação moderna, o candidato é conduzido lentamente por uma aprendizagem que, pouco a pouco, amplia sua visão da tríade "Deus, cosmo e ser humano". Ele entra em contato com grande quantidade de ensinamentos, cuja finalidade é permitir uma visão adequada das inter-relações entre as diferentes coisas que configuram nossa realidade de vida e fazê-lo compreender cabalmente sua posição em meio a elas.

Tudo isso lhe permite avançar, passo a passo, na compreensão das sugestões sutis que procedem de seu ser divino central, como se fossem um chamado longínquo.

Porém, enquanto esse fluxo de potências de luz é absorvido pela consciência purificada, o intelecto trabalha arduamente para recodificar tudo isso em seu esquema binário.

Por isso, ao mesmo tempo em que surge uma nova animação espiritual, na realidade, junto ao nascimento de uma alma-espiritual, fruto da união do que está em cima com o que está embaixo, do espiritual com o material, produz-se também um reforço das estruturas ilusórias, tanto mentais como astrais – ou seja, tanto intelectuais como emocionais –, como subproduto ou precipitação do processo alquímico de separação da luz e da escuridão.

Por essa razão, cedo ou tarde, o candidato aos mistérios ver-se-á confrontado com um inimigo interior que bloqueia permanentemente os circuitos do seu sistema nervoso cerebrospinal, impedindo-o de chegar à contemplação.

A iniciação não é, portanto, de maneira alguma, um simples processo de aprendizagem. Ela é, ao mesmo tempo, um combate interior, uma luta entre o novo homem em gestação e formação sob a radiante luz da Gnosis, o conhecimento divino, e o velho manto astral e mental. Este tenta evitar que o centro de gravidade vital seja deslocado para fora de sua área de controle.

Como o leitor compreenderá, o esforço fundamental durante todo o processo iniciático deve estar centrado na obtenção de uma consciência lúcida sobre a autêntica natureza humana e seus dois campos de manifestação: isso que habitualmente definimos como o bem e o mal.

Neste processo não se trata, de modo algum, de uma abordagem moral baseada em um decálogo de bons costumes, mas do conhecimento profundo das causas de cada uma dessas projeções morais.

O jogo habitual da bondade e sua contraparte é, assim, completamente desmascarado, e toda sua hipocrisia é desvendada à observação inteligente do candidato. Se tudo correu bem durante sua preparação, ele não sentirá nenhuma emoção, nem de aceitação nem de rejeição.

Ele sabe, por isso, que o Bem Único está somente em Deus, e que só é possível viver no verdadeiro Bem vivendo-se nele e por seu intermédio.

Recapitulemos:
A iniciação, com todo o seu processo, consiste na abertura progressiva da consciência do candidato para a corrente de luz da Gnosis e, simultaneamente, em sua compreensão, graças ao descobrimento da linguagem dos mistérios. Essa iniciação não é um conjunto de cerimônias, oficiadas por um poderoso hierofante, mas um conjunto de impressões que vão abrindo sua compreensão a respeito da realidade da alma-espírito por um lado, e a realidade de sua velha natureza, que se opõe a ela.

É, portanto, luta interior, crescimento espiritual e compreensão da Palavra Viva. E esse processo culmina no descobrimento da verdadeira identidade. Por isso se diz, frequentemente, que os iniciados recebem um novo nome! E inclusive, que muitos deles mudam seu nome a partir da culminação do processo.

No entanto, quem atravessou a iniciação com êxito, ainda não é um iluminado. A iluminação é o fruto final, o prêmio que coroa todo o esforço realizado.

II
ILUMINAÇÃO

A iluminação é um acontecimento grandioso na vida de um ser humano, que muda completamente sua percepção da realidade imediata.

A essência de sua natureza é definida como um "despertar", pois quem alcança o estado da iluminação compreende e percebe que, até então, estivera profundamente adormecido.

“Dar à luz”

Na linguagem comum, usamos as palavras “dar à luz” quando nos referimos a um nascimento. O novo ser, gestado na escuridão e na segurança do útero materno, tem de atravessar um túnel estreito para chegar ao mundo da luz solar. Ao sair, respira, entra em contato direto com o ar.

No ar, na atmosfera que circunda nosso planeta, estão presentes todas as matérias-primas da vida: hidrogênio, nitrogênio, oxigênio e carbono. Sem ar não podemos viver.

Pois bem, este é o tema do presente capítulo: o nascimento ou renascimento do *homem-alma-espírito*.

O nascimento ou renascimento do homem-alma-espírito

A iluminação também pode ser descrita como um despertar, um abrir os olhos e ver! A grandiosa vivência de Gautama Buda sob os ramos da árvore Bodhi é descrita por ele como um *despertar*.

Quando alguém desperta, tudo o que se viveu no mundo dos sonhos é apagado radicalmente da consciência, e existe como que uma barreira intransponível a impedir o acesso para recuperá-lo.

Do mesmo modo, quando uma pessoa experimenta tal despertar, tudo o que vive a partir desse momento não tem nenhuma relação com a vivência enquanto dormia. Ainda voltaremos a falar sobre este ponto importante.

Também se descreve a iluminação com relação a Jesus Cristo. No Evangelho de Mateus, capitulo 17, lemos: "Seis dias depois,

Jesus tomou consigo a Pedro, Tiago e seu irmão João, e os levou em particular a um alto monte. E foi transfigurado diante deles. O seu rosto resplandecia como o sol e as suas vestes tornaram-se brancas como a luz [...] uma nuvem luminosa os envolveu; e eis, vindo da nuvem, uma voz que dizia: "Este é o meu Filho amado, em quem me comprazo, a ele ouvi".

Vemos nesta citação uma das muitas descrições de um acontecimento de iluminação. O curioso deste trecho bíblico é que a iluminação é definida como transfiguração, palavra latina usada para traduzir a palavra grega metamorfose.

A iluminação não é simplesmente uma mudança de estado de consciência, como também uma mudança da forma. Algo muda notavelmente na estrutura psíquica do ser humano, assim como em tudo relacionado a sua capacidade de percepção da realidade. É como se os circuitos cerebrais fossem atualizados. Usando a linguagem da informática, é como se se produzisse uma reinicialização, uma restauração que apagasse as séries de imagens e sequências errôneas e restabelecesse a configuração original. Quem vive este acontecimento, passa a ver as coisas sob outra luz. As cavidades cerebrais são banhadas por uma luz intensa, que expulsa toda sombra e escuridão. E neste momento se conhece a verdade. O candidato conhece que é filho do Único e, portanto, recupera sua verdadeira identidade.

A partir de então, Buda obtém o nome de Tathagata, "o que deixou tudo para trás". E diz: "De todos os fenômenos que surgem de uma causa, o Tathagata revelou sua causa".

Essa iluminação, esse primeiro contato fundamental com o plano nirvânico de existência, é exatamente o mesmo que irromper no mundo das causas, de todas as causas que dão origem a todos os fenômenos que se produzem ao nosso redor, incluindo nossa própria existência natural e suas formas, seus corpos e compostos.

É importante não confundir "saber" com "conhecer". Você "sabe" que, neste momento, está lendo este livro. No entanto, podemos afirmar que, muito provavelmente, você não conheça qual é a causa verdadeira que motiva sua leitura. Não seria necessário, no mínimo, conhecer, de primeira mão, por que e para que fazemos o que fazemos?

Porém, para isso é preciso obter acesso ao mundo das causas. O mundo exterior, tudo o que vemos e captamos com os sentidos, tudo o que deduzimos e conjecturamos com base em nossas experiências com o mundo externo, tudo isso pertence ao mundo dos efeitos. E inclusive o que definimos como causas não passa de efeitos de outros efeitos ainda mais profundos e imperceptíveis.

Para conhecer as causas verdadeiras é preciso dispor de uma consciência nova, superior, diferente. Essa consciência se movimenta em uma dimensão que transcende a consciência normal. Nossa consciência tem como eixo as três dimensões espaciais de largura, comprimento e altura, além da dimensão temporal de antes, agora e depois.

A nova consciência, contudo, movimenta-se também por uma dimensão que poderíamos definir como profundidade. Ela pode penetrar profundamente em todas as dimensões conhecidas, como se o fizesse por meio de uma dimensão perpendicular a cada uma delas.

O próprio fato de nossa consciência normal não ser capaz de formar uma ideia ou imagem dessa dimensionalidade diferente da vida é prova infalível de que nossa consciência comum não é uma consciência superior e iluminada e, portanto, não está habilitada para entrar no universo das causas.

Assim como é preciso dispor de dois olhos para captar visualmente a terceira dimensão espacial, do mesmo modo é necessário dispor do terceiro olho para captar essa quarta – na realidade quinta – dimensão. Esse terceiro olho abre-se precisamente com a iluminação!

E "seu rosto resplandecia como o sol" – descreve Mateus em seu evangelho, ao falar da iluminação de Jesus.

Uma nova luz emana da face do iluminado. Tal luz tem seu foco na fronte, atrás do osso frontal, ou melhor dizendo, encontra seu ponto de contato na hipófise.

As consequências anatômicas de tudo isso são impressionantes, mas estão além do âmbito deste livro. Não obstante, o leitor pode deduzir facilmente o seguinte: a hipófise é como "o diretor" das glândulas endócrinas, enquanto a pineal é como "o presidente". Praticamente não há nenhum hormônio produzido por nosso corpo que não surja sob sua direção.

Uma porcentagem considerável do nosso caráter pode ser explicada pelo funcionamento dessa glândula. Nossos estados de ânimo, nossa orientação sexual, grande parte de nossa sensibilidade e nossas disposições emanam da atividade da hipófise.

Por isso, pode-se deduzir com facilidade que a iluminação muda completamente todas essas disposições, colocando-as em uma oitava superior. Uma nova energia e uma nova atitude de vida surgem disso. Não como algo premeditado, programado, sujeito a um método ou a certa disciplina, mas como um estado de ser espontâneo.

A razão, livre de todos os condicionamentos animais, experimenta, pela primeira vez na vida, o que é pensar. Contudo, este não é o fim do processo, não é a meta final; como também não é indiferente a forma pela qual se chegou à iluminação.

Queremos estender-nos um pouco mais sobre estas duas afirmações. E para isso começaremos pela segunda: Como se chegou à iluminação?

A iluminação é o resultado de uma plenitude de experiências e vivências.

Um dos pilares filosóficos da Rosa-Cruz é o ensinamento da transmigração das almas ou reencarnação.

O que reencarna não é o ser humano biológico, mas sim o ser divino que nele existe de forma latente. E ao longo de centenas de novas imersões no mundo da vida física, produz-se, em seu campo vital que denominamos microcosmo, um acúmulo de conhecimentos, experiências e vivências. Eles determinam o "dote de inteligência" para cada nova alma humana, surgida da vida natural. Evidentemente, na hora de assumir ou não essa herança, cada alma é livre para usá-la em um ou outro sentido.

O certo é que há microcosmos com grande maturidade e certa "saturação" de experiências. Facilmente pode ocorrer que um microcosmo desse tipo abrigue ativamente uma personalidade como a nossa e que, em determinado momento psicológico, ocorra uma incursão consciente no mundo das causas, com a conseguinte experiência luminosa.

Essa maravilhosa experiência tem enorme valor, porém não foi o resultado de um processo de iniciação. Talvez você pense: e que me importa? O importante é a experiência em si!

Um simples exemplo será útil. Imagine que hoje você dormisse tranquilamente em casa, em sua cama, e no dia seguinte pela manhã, ao despertar, se encontrasse numa cama de palha, em uma aldeia de uma tribo perdida na selva amazônica, que, antes de dormir, você desejasse ardentemente conhecer. E já que estamos falando de experiências, compare esta experiência com a de alguém que, tendo o mesmo desejo que você, se tivesse preparado durante anos para isso; que conhecesse o idioma, os costumes, o ambiente e a forma de entender a vida dessa mesma tribo, e que, a seguir, empreendesse uma viagem até essa aldeia, passando por diferentes fases de aclimatação e preparação.

A experiência de amanhecer em plena tribo é a mesma para ambos, porém as consequências e possibilidades são radicalmente diferentes.

Escolhemos este exemplo, um tanto estranho para nosso tema em questão, porque estávamos em busca de uma imagem representativa de uma situação absolutamente incomum, com um componente notável de perigo e que exigisse uma preparação tanto física quanto psicológica.

É obvio que a vida no mundo da alma, bem como seus habitantes, nada tem a ver com a selva amazônica e seus habitantes, mas você entenderá claramente a idoneidade do exemplo escolhido.

Se lermos as narrativas dos que tiveram uma experiência com a luz, veremos claramente o que a realidade histórica demonstra: que essas pessoas que atingiram a iluminação sem preparar-se por meio de um processo de purificação e iniciação, descrevem suas vivências utilizando as imagens de sua própria formação religiosa.

Se um hindu tiver tal vivência, toda a sua descrição terá Krishna por referência, ou outras referências imagináveis do entorno cultural hindu. E se essa for a vivência de um cristão, é inevitável que Jesus Cristo tenha um papel relevante. Um agnóstico, no entanto, também poderá ter essa experiência e, neste caso, falará, por exemplo, de campos energéticos e esferas planetárias.

Podemos afirmar, portanto, que o processo de iniciação provê o candidato de uma bagagem racional e imaginativa muito precisa, que lhe permite interpretar acertadamente suas vivências e experiências na luz e, desse modo, utilizar com proveito as imensas possibilidades que lhe são outorgadas pela iluminação. Quem não passou por esse processo iniciático, por sua vez, tem enormes dificuldades para superar a etapa contemplativa de tudo isso.

Agora abordaremos a outra questão colocada anteriormente. Como a iluminação não é a meta – pois a libertação é a meta verdadeira e definitiva – não basta alcançar a vivência da luz. A libertação depende completamente do que o iluminado faça na nova situação.

Como dissemos, a libertação é o estado adulto e maduro da alma humana unida com o Espírito. E você sabe, por experiência própria que, na vida comum, nem todos a atingirem o estado de adulto são seres verdadeiramente livres; não basta apenas completar um número de anos para isso. É preciso uma atividade autocriadora muito intensa. Por isso, como já indicamos, o método de iniciação, seu sistema, é muito importante e essencial, em virtude da meta final que coroa o processo da evolução humana.

III
LIBERTAÇÃO

A vida cotidiana é um circuito fechado e regulado, de modo implacável, pela lei da causalidade. Esta é a razão pela qual nossa existência é simbolizada, desde a Antiguidade, pela estrutura de um labirinto, onde muitas vezes nos perdemos, buscando a saída.

Somente podemos libertar-nos desse labirinto por um único caminho, que encontraremos empregando toda a nossa inteligência, sobre o firme fundamento da iniciação e no estado de consciência do despertar.

Desatar o "nó"

O conceito de libertação nos conduz imediatamente ao de "dar livre curso a algo retido". Esse "algo" retido dispõe, por si, das qualidades necessárias para atuar segundo sua própria natureza e, portanto, ser livre. Porém há outro "algo", impedindo-o.

Podemos fazer uma analogia muito simples para ilustrar essa ideia. Um tronco de madeira atado a uma pedra é retido no fundo de um lago. Tão logo possa soltar-se da corda, o tronco, por si só, sem ajuda alguma, emerge à superfície da água, abandonando o fundo do lago.

A mesma ideia está encerrada na palavra "libertação". O ser divino eterno está preso à matéria densa por um poderoso laço; porém, basta soltar o laço, basta que desatemos o "nó", e esse ser divino emergirá ao mundo divino, por sua própria natureza, abandonando a esfera de existência onde agora se encontra retido.

O tapete mágico

Dos três temas que tratamos neste livro, o que apresentaremos a seguir é, sem dúvida, o mais complexo e difícil de se expor. Não obstante, contamos com um esforço seu de compreensão, imaginação e sensibilidade para captar o que está subjacente ou por trás das palavras com as quais tentaremos expressar a ideia central.

Comecemos dizendo que, embora reconheçamos no ser humano dois princípios, dois núcleos vitais, a saber: um princípio divino e um princípio planetário (o primeiro imortal e o segundo mortal), esses dois princípios se manifestam por meio de uma estrutura tríplice. Definimos essa estrutura tríplice como:

- a estrutura espiritual;
- a estrutura anímica;
- e a estrutura corporal.

A partir de agora, vamos referir-nos a eles simplesmente como "espírito, alma e corpo".

Os dois princípios mencionados (o principio divino e o princípio planetário) mesclam-se nas três estruturas, espírito, alma e corpo.

Quando nos referimos a nossa estrutura corporal, por exemplo, notamos que o coração é um órgão extraordinariamente singular, porque nele confluem ambas as naturezas. Por isso, quando nos referimos à expressão do princípio divino na estrutura corporal, falamos de rosa-do-coração.

A estrutura do coração responde plenamente aos dois princípios vitais e ambos se mesclam neste órgão tão especial.

Poderíamos dizer o mesmo da estrutura anímica. A estrutura da alma é constituída por cinco fluídos:

- o fluido sanguíneo;
- o fluido hormonal;
- o fluido nervoso;
- o fluido espinal;
- e o fluido da consciência.

Observando-se esses cinco fluidos, nota-se que o sanguíneo é o mais tangível e concreto e, por isso, de todos eles, é o mais ligado ao corpo. O fluido da consciência, por sua vez, é mais sutil e inclusive misterioso, sendo o mais ligado à estrutura espiritual.

Os outros três fluidos – hormonal, nervoso e espinal – formam o núcleo central da alma na estrutura anímica.

Convém precisar que, em geral, usamos o termo microcosmo para referir-nos à estrutura espiritual.

O microcosmo é uma estrutura de linhas de força extraordinariamente complexa. Se você recordar a imagem utilizada para representar a estrutura de um átomo, poderá fazer uma ligeira ideia daquilo a que nos referimos como "estrutura de linhas de força". Essa esfera eletromagnética é uma projeção espacial da centelha divina, da mônada, o ser divino primordial.

Pois bem, essa estrutura tem seu reflexo corporal na configuração eletromagnética do nosso cérebro. Portanto, podemos afirmar que o ser divino e o ser carnal estão unidos por uma rede psicofísica tríplice.

Existe uma rede na estrutura espiritual, uma na estrutura da alma e outra na estrutura do corpo. Essas três redes – ou essa rede tríplice – são formadas tanto por fios pertencentes ao ser carnal, como por fios pertencentes ao ser divino. Pode-se dizer que, nessa rede, todos os fios verticais emanam do ser divino e todos os fios horizontais emanam do ser terrestre.

Quanto mais plena de experiências é a vida de um ser humano, mais densa é essa rede, mais formas e cores ela apresenta e, portanto, mais possibilidades contém.

Na Antiguidade, tal rede era denominada de “tapete mágico”. Esse tapete mágico é próprio do ser humano que conquistou a libertação e dispõe de plena autonomia de movimento por todos os planos do espírito e da matéria.

Portanto, a libertação não é outra coisa, senão a supressão de tudo o que impede ou retém essa liberdade de movimento. Contudo, como você facilmente pode supor, obter o estado de libertação não é uma tarefa fácil.

Coloquemo-nos no lugar do ser humano que já percorreu as fases prévias, descritas nos capítulos anteriores. Ou seja, um ser humano que conseguiu purificar sua estrutura tríplice, usando suas possibilidades ao máximo, e no qual tal pureza se expressa notoriamente na composição de seu sangue. Um ser humano que, graças a esse estado purificado, pode adentrar, com chance de êxito, um processo de iniciação, que é coroado por uma iluminação plena, por um estado desperto, como o de um renascido.

Pois bem, esse ser humano comprova que o autêntico trabalho alquímico agora está realmente à sua frente, e tudo o que vivenciou até então, todas as mudanças que lhe aconteceram na vida, tiveram lugar no âmbito íntimo e interior de seu sistema humano. Agora, porém, graças à sua nova consciência desperta e aguçada, descobre que existe uma esfera, um espaço que até então lhe estava completamente vedado. É o interior do mais interior.

Na Antiguidade, esse santuário recebia o nome de *Sanctum Sanctorum*; era o lugar mais santo do que já era santo. Nesse núcleo do núcleo do núcleo de nosso sistema vital confluem todos os fios que formam nosso tapete ou rede vital.

Empregamos três vezes a palavra "núcleo" porque realmente é assim: é o núcleo que está dentro de outro núcleo, contendo, por sua vez, um terceiro núcleo. Este último é o que costumamos chamar de "nosso foro interior". Pois bem, por baixo e por dentro deste "foro interior" ainda há mais dois núcleos, um dentro do outro. Esse núcleo central é um verdadeiro prodígio, pois é ali que se constrói a realidade.

Quando esse homem desperto aí penetra pela primeira vez, descobre sua verdadeira identidade e sua verdadeira "história". Contudo, não o faz como se entrasse em um túnel do tempo, que o leva do presente ao passado, ou do presente ao futuro pelas veredas do tempo. Não, pois ali o tempo não se comporta dessa maneira. Ali se encontra a esfera do eterno presente e, por isso, tudo está simultaneamente no agora.

Pois bem, quando o ser humano desperto compreende tudo o que contempla, descobre um ponto muito concreto, ao qual todo o seu sistema triplo está sujeito ou ligado à esfera existencial planetária; e que devido a isso, sua essência divina está retida e atada à roda da vida e da morte, ao circuito incessante de nascer, florescer e perecer.

Sabe então que basta soltar a rede desse ponto para que o barco possa começar sua travessia, para que seu ser Divino emerja no mundo do Espírito Divino. Ao mesmo tempo, no entanto, sabe que se o fizer, ocorrerá com ele o que nos acontece pela manhã, ao despertar: tudo o que vivemos até então, durante a noite, nos parece um sonho irreal.

Isto é, sabe que ao desatar esse laço perderá completa e paulatinamente o contato com o que lhe parecia real até aquele momento, e em seu lugar aparecerá a verdadeira realidade, ofuscando tudo o que ficou para trás.

É claro que a tentação de abandonar esse vale de lágrimas é muito forte. Entretanto, quem chegou até esse ponto não o fará. Quem chegou até o ponto em que sua libertação total está ao seu próprio alcance, abrirá mão de tal opção nesse momento e a postergará. Por que? Por saber que a lei do amor espera que ele mantenha contato com seus semelhantes ainda adormecidos, a fim de ajudá-los, no que for possível, em seu caminho de purificação e iniciação.

Este é o fundamento do princípio cristão, segundo o qual Jesus Cristo renunciou à sua própria glória para ajudar seus irmãos, os homens. E este também é o fundamento dos *bodisatvas*, na tradição budista, que renunciam ao paranirvana[1] para seguir em contato com os seres humanos e ajudá-los. Na

1 Paranirvana: palavra do sânscrito que indica o nirvana "perfeito" ou "final". Comumente denota o estado do nirvana em que se entra na hora da morte, em contraste com o nirvana alcançado em vida. Segundo H.P. Blavatsky, em seu Glossário Teosófico, é o absoluto não ser, mas que equivale à plenitude, ao absoluto ser (N.E.).

realidade, não existe maior sacrifício possível que esse. Ele gera tais efeitos sobre o nosso planeta, que aí reside a causa de muitos fenômenos ocorridos diariamente e que não podem ser explicados.

Pois viver neste plano de existência, dispondo de tal estado de consciência e dessa visão da realidade, ocasiona poderosa mudança eletromagnética na atmosfera, a qual acelera o processo de despertar para milhares de seres humanos, na realidade, para centenas de milhares! A Rosa-Cruz consagra-se a esse trabalho, razão pela qual dizemos que a Escola da Rosacruz Áurea é uma escola de mistérios.

Seu centro de gravidade essencial encontra-se na esfera do núcleo mais interior. Dali ela dirige, dia e noite, uma corrente de amor e força para toda a humanidade. E o plano consiste simplesmente em fazê-lo até que todos os seres humanos tenham atingido o despertar.

Na esfera central mais interior, o tempo adquire uma projeção diferente; o amanhã, o ontem e o hoje apresentam-se como um todo, e assim notamos que a vitória final já aconteceu, mesmo sabendo que, por estarmos existencialmente no exterior do exterior, devemos passar por muitas provas e dissabores até encontrar, um dia, o hoje da vitória no presente.

Concluímos este capítulo com algumas palavras extraídas do livro *Fama Fraternitatis R.C.* publicado pela Ordem da Rosa-Cruz em 1614, que, a nosso ver, reforçam o que acabamos de expor:

Embora saibamos perfeitamente que ainda está longe o tempo em que, segundo nosso desejo e expectativa, deva se produzir uma reforma geral do divino e do humano em toda a sua extensão, não é nada excepcional que o sol, antes de se erguer, projete no céu uma luz clara ou difusa na qual alguns, que se apresentarão, virão se juntar para ampliar nossa Fraternidade em número e reputação. E, graças à regra filosófica desejada e ditada pelo Irmão C., darão um feliz início e se beneficiarão conosco, em humildade e amor, de nosso tesouro – que já não nos poderá escapar – e suavizarão a dor deste mundo e já não vaguearão como cegos entre as maravilhas de Deus.

Esperamos que estas reflexões tenham trazido luz e compreensão suficientes para que, a partir de agora, seja possível ter-se uma ideia mais sólida sobre a verdadeira destinação do ser humano. E se, um dia, a Gnosis, a sabedoria divina, interrogá-lo e fizer-lhe a tríplice pergunta, esperamos de coração que nesse dia você possa responder com as três respostas corretas:

Quem és?
— Sou um raio de teu sol invisível.
De onde vens?
— De ti.
Para onde vais?
— Para ti.

EPÍLOGO

Conhecer e não sabê-lo,
esta é a perfeição.
Não conhecer e considerar-se sábio,
este é o mal.
Conhecer o próprio mal
é libertar-se do mal.
O sábio não tem mal;
porque o reconhece,
não o padece.

Tao Te King LXXI

As palavras do Tao Te King que acabamos de citar estão diretamente relacionadas com o começo deste livro e com o convite inicial para não nos esquecermos, sequer por um momento, da diferença entre saber e conhecer.

Neste mundo há muitos seres humanos dotados de grande saber. Mas o conhecimento, a gnosis, o verdadeiro conhecimento das essências e causas verdadeiras ainda é um dom pouco frequente.

A primeira condição para curar-nos de uma enfermidade é reconhecer que estamos enfermos. Sem esse reconhecimento não pode haver cura. O mesmo ocorre com as enfermidades espirituais:

- a ignorância, isto é, a falta de conhecimento verdadeiro;
- a cegueira, a incapacidade de contemplação da verdade;
- a paralisia, a forte submissão à lei gravitacional da matéria.

Elas somente podem ser curadas quando a pessoa se dá conta de que padece desses males.

Todas as escolas espirituais fidedignas neste mundo dedicam-se à cura dessas três enfermidades fundamentais.

A ignorância é curada no processo de iniciação; a cegueira, no processo de iluminação; e a paralisia, no processo de libertação.

Se o leitor meditar sobre tudo o que expusemos neste livro, chegará por si próprio a conclusões que o surpreenderão e compreenderá a causa do lamento bíblico: "O meu povo está sendo destruído porque lhe falta o conhecimento." Então saberá por que os evangelhos falam da cura de cegos e paralíticos. E perceberá que as narrativas e parábolas encerram uma realidade muito diferente da que talvez tenha considerado até agora.

Para encerrar, gostaríamos de apresentar-lhe uma imagem que engloba tudo o que acabamos de expor:

- A purificação relaciona-se ao processo de entrega da semente ao seio nutritivo da terra para sua germinação.

- A iniciação relaciona-se ao desenvolvimento do plano encerrado na semente até a formação da árvore.
- A iluminação relaciona-se à floração.
- A libertação relaciona-se à frutificação.

E nesses frutos está encerrada – como dádiva oculta – a semente de uma nova árvore. Tudo o que acabamos de expor nos é revelado, em abundância, pelo Livro da Natureza.

OBRAS DA PENTAGRAMA PUBLICAÇÕES

Últimos lançamentos:

Chamados pelo coração do mundo – Peter Huijs

O único necessário – J.A. Comenius

No prelo:

O triunfo da Gnosis universal – Antonin Gadal

Série: Os segredos da Fraternidade da Rosa-Cruz

O chamado da Fraternidade da Rosa-Cruz

A Confessio da Fraternidade da Rosa-Cruz

As núpcias alquímicas de Christian Rosenkreuz – volumes I e II

Entre 2014 e 2016, estas obras que contêm os fundamentos da Rosa-Cruz clássica do século XVII, completaram quatrocentos anos de sua publicação na Alemanha. Nessa série, Jan van Rijckenborgh, um dos fundadores da Escola Espiritual da Rosacruz Áurea, ressalta sua sabedoria universal e atemporal.

Outras obras de J.v. Rijckenborgh e Catharose de Petri

A Gnosis original egípcia – volumes I a IV

A Gnosis Chinesa

Os mistérios gnósticos da Pistis Sophia

A Gnose em sua atual manifestação

O mistério iniciático cristão – Dei Gloria Intacta

Filosofia elementar da Rosacruz Moderna

A Fraternidade de Shambala

Outros autores:

O livro de Mirdad – Mikhail Naimy

O evangelho dos doze santos – Gideon Jasper Ouseley

No caminho do Santo Graal – A. Gadal

Algumas palavras do mais profundo ser – Karl von Eckartshausen

Das forças mágicas da natureza – Karl von Eckartshausen

Série Cristal:

Do castigo da alma – Hermes Trismegisto

Os animais dos mistérios – Lectorium Rosicrucianum

O evangelho da Verdade – O evangelho de Maria – O conhecimento que ilumina – Prefácio de Konrad Dietzfelbinger

O livro secreto de João – evangelho apócrifo – Prefácio de Konrad Dietzfelbinger

Gnosis religião interior – Lectorium Rosicrucianum

Rosacruzes ontem e hoje – Lectorium Rosicrucianum

Jacob Boehme – Pensamentos – J.L.G. de Hartog-Meyjes

Paracelso – sua filosofia e sua medicina atemporais – Klaus Bielau

O Graal e a Rosacruz – Lectorium Rosicrucianum

A rosa e a Cabala – Benita Kleiberg

Download gratuito de alguns títulos no site:

www.pentagrama.org.br
livros@pentagrama.org.br